Do Iniciante ao Avançado

STREAMLIT
PARA TUDO!

DESENVOLVA APLICAÇÃO WEB, DASHBOARDS, CIÊNCIA DE DADOS E PLOTAGEM DE MAPAS.

FAÇA TUDO QUE IMAGINAR! COM STREAMLIT!

DEIVISON VIANA ANDRADE

PREFÁCIO

Sobre o Autor

Meu nome é Deivison Viana. Nos últimos 15 anos, tenho trabalhado como desenvolvedor e arquiteto de software, mergulhando profundamente em pesquisa e ciência de dados. Através dessas experiências, aprendi a valorizar as ferramentas que não só simplificam a complexidade, mas também potencializam a criatividade e a inovação. É esse conhecimento e paixão que desejo compartilhar com você através deste livro.

OBJETIVO DO LIVRO

"Streamlit Faça Tudo" é mais do que apenas um guia sobre como usar o Streamlit para desenvolver aplicações web. Este livro é uma jornada pelo poder da programação Python para transformar ideias em aplicativos interativos de maneira simples e eficiente. Desde aplicações simples até análises complexas de dados e implementações de machine learning, o objetivo é equipar você, leitor, com as habilidades necessárias para criar, desenvolver e deployar aplicações de forma independente.

COMO UTILIZAR ESTE LIVRO

Cada capítulo deste livro é projetado para ser autocontido, permitindo a você aprender em seu próprio ritmo e de acordo com seus interesses específicos. Você encontrará exemplos de código práticos, explicações detalhadas e ilustrações claras para ajudá-lo a entender como aplicar o que aprendeu. Recomendo que você pratique escrevendo os códigos conforme avança, e ajuste os exemplos para testar diferentes ideias.

ENCORAJAMENTO PARA INTERAÇÃO ATRAVÉS DO GITHUB

Aprender não é uma via de mão única. Por isso, criei um repositório no GitHub especialmente para este livro, onde você pode encontrar todos os códigos, atualizações e até mesmo contribuir. Além disso, proponho desafios ao final de cada capítulo e encorajo você a submeter suas soluções e discutir ideias com outros leitores. Este é um espaço para crescermos juntos como desenvolvedores e entusiastas da ciência de dados.

Encorajo-o a mergulhar nas páginas seguintes com curiosidade e entusiasmo, prontos para explorar as vastas possibilidades que o Streamlit oferece. Vamos começar esta jornada juntos, transformando desafios complexos em soluções inovadoras e escaláveis.

CAPÍTULO 1: BEM-VINDO AO STREAMLIT

Bem-vindo ao Streamlit, a ferramenta que está revolucionando a forma como construímos e compartilhamos aplicações de dados. Se você é um cientista de dados, um desenvolvedor de software ou simplesmente alguém apaixonado por criar coisas incríveis com código, você está no lugar certo.

A MAGIA DO STREAMLIT

Streamlit é um framework Python que permite a criação de aplicativos de dados interativos com extrema simplicidade e rapidez. Foi criado com o intuito de simplificar a vida dos desenvolvedores, eliminando a necessidade de conhecimento em front-end para a criação de interfaces gráficas, permitindo que você se concentre totalmente na lógica e no processamento dos dados.

Para o segmento sobre a instalação do Streamlit e os primeiros passos, podemos criar um subcapítulo bem estruturado que guie o leitor através do processo de instalação e introduza os comandos básicos para começar a desenvolver aplicativos Streamlit. Aqui está uma proposta de como esse subcapítulo poderia ser organizado e redigido:

INSTALANDO O STREAMLIT E PRIMEIROS PASSOS

Este subcapítulo o guiará através da instalação do Streamlit e mostrará como executar seus primeiros comandos, estabelecendo a base para seus futuros projetos de aplicativos interativos.

INSTALAÇÃO DO STREAMLIT

Para começar a usar o Streamlit, você precisará ter o Python instalado em seu sistema. Streamlit suporta Python 3.6 e versões posteriores. Aqui estão os passos para instalar o Streamlit:

1. Instale o Python: Se você ainda não tem o Python instalado, pode baixá-lo do [site oficial do Python](https://www.python.org/downloads/). Certifique-se de marcar a opção que adiciona o Python ao PATH durante a instalação.

2. Abra o terminal: Dependendo do seu sistema operacional, você usará o Command Prompt no Windows ou o Terminal no macOS e Linux.

3. Instale o Streamlit via pip: Execute o seguinte comando no terminal:

PIP INSTALL STREAMLIT

Este comando baixa e instala o Streamlit e todas as suas dependências.

VERIFICANDO A INSTALAÇÃO

Após a instalação, você pode verificar se o Streamlit foi instalado corretamente com o seguinte comando:

STREAMLIT --VERSION

Este comando mostrará a versão do Streamlit instalada, confirmando que a instalação foi bem-sucedida.

PRIMEIROS COMANDOS BÁSICOS

Com o Streamlit instalado, você está pronto para criar seu primeiro aplicativo. Vamos começar com um programa simples que mostra algumas funcionalidades básicas:

1. Crie um novo arquivo Python: Nomeie-o `hello_streamlit.py`.

2. Abra o arquivo em um editor de texto: Insira o seguinte código:

```python
import streamlit as st

st.title('Meu Primeiro App')
st.write('Bem-vindo ao seu primeiro aplicativo Streamlit!')

if st.button('Diga olá'):
    st.write('Olá, mundo!')
```

3. Execute o aplicativo: Volte ao terminal e execute o comando:

```
streamlit run hello_streamlit.py
```

Este comando iniciará o servidor do Streamlit e abrirá seu aplicativo em um navegador web.

EXPLORANDO O STREAMLIT

Experimente adicionar mais widgets e explorar as funcionalidades que o Streamlit oferece. Por exemplo, você pode adicionar sliders, caixas de seleção e gráficos. Cada widget é adicionado ao seu script com uma linha de código simples, tornando o Streamlit uma ferramenta poderosa e fácil de usar para prototipagem rápida de aplicativos.

Seu Primeiro App Streamlit: "Hello, Streamlit!"

Vamos começar com algo simples para você sentir o poder do Streamlit. Aqui está o código para o seu primeiro app. Abra o seu editor de código, crie um novo arquivo Python (por exemplo, hello_streamlit.py) e insira o seguinte código:

```python
# hello_streamlit.py
import streamlit as st

st.title('Olá, Streamlit!')

st.write('''
Este é o seu primeiro app com Streamlit.
É simples, mas poderoso.
Adicione mais elementos e veja como tudo muda instantaneamente.
''')

if st.button('Diga Olá!'):
    st.write('Streamlit é incrível!')
```

CAPÍTULO 2: INTERAGINDO COM DADOS

O poder do Streamlit realmente brilha quando se trata de trabalhar com dados. Neste capítulo, você vai aprender a carregar, manipular e exibir dados de maneira interativa. Vamos nos aprofundar em como transformar dados brutos em insights visuais.

CARREGANDO DADOS
NO STREAMLIT

Trabalhar com dados geralmente começa com o carregamento de informações de um arquivo ou fonte externa. Streamlit facilita essa tarefa, proporcionando uma maneira direta de carregar dados em formatos comuns como CSV ou Excel.

Aqui está um exemplo de como carregar um arquivo CSV usando Streamlit:

```python
# data_loader.py
import streamlit as st
import pandas as pd

# Permitir que o usuário faça upload de um arquivo CSV
uploaded_file = st.file_uploader("Escolha um arquivo CSV", type="csv")
if uploaded_file is not None:
    data = pd.read_csv(uploaded_file)
    st.write(data)
```

Quando você rodar esse código com Streamlit, verá uma opção de upload de arquivo no seu app. Uma vez que um arquivo seja selecionado e carregado, o Streamlit exibirá os dados na tela.

VISUALIZANDO DADOS

Após carregar os dados, muitas vezes queremos fazer algo útil com eles. Visualizações como gráficos e tabelas são ferramentas poderosas para entender e apresentar dados.

Streamlit integra-se perfeitamente com bibliotecas de visualização de dados do Python, como Matplotlib, Plotly e Altair. Veja como podemos adicionar um gráfico simples usando o Altair:

```python
# data_visualization.py
import streamlit as st
import pandas as pd
import altair as alt

# Carregar dados de exemplo do Streamlit
data = pd.read_csv('https://www.example.com/some_data.csv')

# Criar um gráfico de linha simples com Altair
chart = alt.Chart(data).mark_line().encode(
    x='X_axis_column_name',
    y='Y_axis_column_name',
    color='Category_column_name'
)

st.altair_chart(chart, use_container_width=True)
```

Esse script carrega os dados de um CSV acessível via URL (substitua a URL e os nomes das colunas pelos seus dados reais), cria um gráfico de linhas e, em seguida, exibe-o no app Streamlit.

CAPÍTULO 3: MANIPULAÇÃO DE DADOS AVANÇADA

Agora que você já sabe como carregar e visualizar dados simplesmente, é hora de explorar a manipulação de dados avançada. Vamos mergulhar em operações de dados que podem transformar seu aplicativo Streamlit de informativo para perspicaz.

OPERAÇÕES COM PANDAS

O Pandas é uma biblioteca de manipulação e análise de dados para Python que oferece estruturas de dados e operações para manipular tabelas numéricas e séries temporais. Vamos ver como podemos realizar algumas operações comuns com Pandas no Streamlit.

```python
# advanced_data_ops.py
import streamlit as st
import pandas as pd

# Carregar dados
data = pd.read_csv('https://www.example.com/some_data.csv')

# Demonstração de operações com Pandas
st.write("Dados Originais:")
st.write(data)

# Filtro simples com Pandas
st.write("Filtrar coluna específica com valores maiores que um certo limiar:")
filtered_data = data[data['alguma_coluna'] > valor_limiar]
st.write(filtered_data)

# Agrupamento e agregação
st.write("Média de valores em uma coluna, agrupados por outra:")
grouped_data = data.groupby('coluna_categoria').agg({'coluna_valor': 'mean'})
st.write(grouped_data)
```

Esse código vai ensinar aos usuários como filtrar, agrupar e agregar dados diretamente dentro de seu aplicativo Streamlit.

WIDGETS DE INTERATIVIDADE AVANÇADA

Uma das características mais poderosas do Streamlit é sua capacidade de interatividade. Widgets avançados podem ser usados para receber entradas dos usuários e alterar os dados exibidos. Vamos adicionar alguns desses widgets ao nosso app.

```python
# interactive_widgets.py
import streamlit as st
import pandas as pd

# Carregar dados
data = pd.read_csv('https://www.example.com/some_data.csv')

# Selecionar uma categoria para análise
categoria = st.selectbox('Escolha uma categoria', data['coluna_categoria'].unique())
st.write(f"Você selecionou: {categoria}")

# Exibindo dados filtrados pela categoria selecionada
filtered_data = data[data['coluna_categoria'] == categoria]
st.write(filtered_data)
```

Esse script introduz o st.selectbox, que permite aos usuários escolher um valor de uma lista, e atualiza os dados exibidos com base na escolha do usuário.

CAPÍTULO 4: INTEGRANDO MACHINE LEARNING

Machine Learning (ML) é um campo que permite aos computadores aprenderem com dados, e o Streamlit é a plataforma perfeita para interagir com esses modelos. Neste capítulo, vamos conectar um modelo de machine learning ao seu aplicativo Streamlit para fornecer insights e previsões em tempo real.

INTRODUÇÃO AO MACHINE LEARNING COM STREAMLIT

Antes de mergulharmos na codificação, vamos entender os conceitos básicos de como um modelo de machine learning pode ser integrado em nosso aplicativo Streamlit. Discutiremos o treinamento de modelos, a importância da preparação de dados e como podemos usar um modelo treinado para fazer previsões.

IMPLEMENTANDO UM MODELO SIMPLES

Começaremos com um modelo simples, como uma regressão linear ou uma árvore de decisão, que possa ser treinada rapidamente. Aqui está um exemplo de como carregar um modelo treinado e fazer previsões com os dados de entrada do usuário:

```python
# ml_integration.py
import streamlit as st
import pandas as pd
from sklearn.externals import joblib  # Use 'import joblib' if you have joblib installed directly

# Carregar um modelo treinado previamente
modelo = joblib.load('modelo_treinado.pkl')

st.write("# Aplicativo de Previsão com Machine Learning")

# Receber as entradas do usuário
input_data = st.text_input("Insira os dados para predição (separados por vírgula):")

# Quando um botão é pressionado, fazer a predição e mostrar o resultado
if st.button("Fazer Previsão"):
    try:
        # Transformar a string de entrada em dados numéricos
        data = [float(i) for i in input_data.split(',')]
        # Fazer a predição
        prediction = modelo.predict([data])
        st.write(f"A previsão é: {prediction[0]}")
    except Exception as e:
        st.error("Por favor, insira os dados corretamente.")
```

Esse script assume que você já tem um modelo treinado e salvo como 'modelo_treinado.pkl'. O usuário poderá inserir dados através de um campo de texto e, após clicar em "Fazer Previsão", verá o resultado gerado pelo modelo.

VISUALIZAÇÃO DE PREVISÕES

Não basta apenas fazer previsões; precisamos também visualizá-las de forma que o usuário possa interpretar os resultados. Podemos estender nosso aplicativo para incluir visualizações gráficas das previsões.

```python
# visualization_of_predictions.py
import streamlit as st
import matplotlib.pyplot as plt
import numpy as np

# Supondo que temos os dados das previsões em 'predictions'
predictions = [...]

# Criar um gráfico para visualizar as previsões
fig, ax = plt.subplots()
ax.plot(np.arange(len(predictions)), predictions, marker='o')
ax.set_title("Visualização de Previsões")
ax.set_xlabel("Número da Previsão")
ax.set_ylabel("Valor Previsto")
st.pyplot(fig)
```

Esse código geraria um gráfico de linha simples mostrando a sequência das previsões, que poderia ser usado para mostrar tendências ou padrões nos resultados do modelo de machine learning.

CAPÍTULO 5: AJUSTE DINÂMICO DE MODELOS DE MACHINE LEARNING

Personalizar um modelo de machine learning enquanto interage com um aplicativo pode ser uma ferramenta poderosa para análises preditivas. Este capítulo explora como implementar ajustes de hiperparâmetros em tempo real em seu aplicativo Streamlit.

AJUSTE DE HIPERPARÂMETROS EM TEMPO REAL

Hiperparâmetros são as configurações que podem ser ajustadas para controlar o processo de aprendizado do modelo. Ajustá-los pode melhorar significativamente a precisão das previsões. Vamos criar uma interface no Streamlit que permita ao usuário experimentar diferentes hiperparâmetros.

```python
# hyperparameter_tuning.py
import streamlit as st
from sklearn.ensemble import RandomForestRegressor
from sklearn.metrics import mean_squared_error

# Suponha que temos algum conjunto de dados de treinamento carregado
em X_train e y_train

# Permitir ao usuário ajustar os hiperparâmetros
n_estimators = st.slider('Número de árvores', min_value=10,
max_value=100, value=30)
max_depth = st.slider('Profundidade máxima', min_value=1,
max_value=20, value=5)

# Instanciar e treinar o modelo com os hiperparâmetros selecionados
modelo = RandomForestRegressor(n_estimators=n_estimators,
max_depth=max_depth)
modelo.fit(X_train, y_train)
```

```
# Avaliar o modelo
predictions = modelo.predict(X_test)
mse = mean_squared_error(y_test, predictions)
st.write(f"Erro Quadrático Médio do Modelo: {mse}")
```

Neste exemplo, utilizamos um RandomForestRegressor e expomos os hiperparâmetros n_estimators e max_depth através de sliders no Streamlit. O usuário pode ajustar esses sliders e reavaliar o modelo instantaneamente.

VISUALIZANDO O IMPACTO DOS AJUSTES

Para tornar a experiência ainda mais interativa, podemos visualizar como esses ajustes afetam a performance do modelo:

```python
# visualizing_impact.py
import streamlit as st
import matplotlib.pyplot as plt
import seaborn as sns

# Suponha que tenhamos uma lista de MSEs correspondente a diferentes
configurações de hiperparâmetros
mses = [...]

# Visualizar o MSE em função dos hiperparâmetros
plt.figure(figsize=(10, 5))
sns.lineplot(x=[i for i in range(len(mses))], y=mses)
plt.xlabel('Configuração do Hiperparâmetro')
plt.ylabel('Erro Quadrático Médio')
plt.title('Impacto dos Hiperparâmetros no MSE')
st.pyplot()
```

Este script irá criar um gráfico, utilizando Matplotlib e Seaborn, que mostra a relação entre os ajustes de hiperparâmetros e o MSE. Isso permite ao usuário visualizar a performance do modelo e entender como diferentes hiperparâmetros influenciam o resultado.

CAPÍTULO 6: EXPLORANDO MODELOS DE APRENDIZADO PROFUNDO

A aprendizagem profunda transformou inúmeros campos da ciência de dados, desde visão computacional até processamento de linguagem natural. Vamos ver como podemos aplicar redes neurais em nossos aplicativos Streamlit para fornecer análises ainda mais profundas.

INTRODUÇÃO ÀS REDES NEURAIS NO STREAMLIT

Neste segmento, falaremos sobre o que são redes neurais e como podemos usar bibliotecas como Keras e TensorFlow para integrar esses modelos poderosos em nossos aplicativos Streamlit.

IMPLEMENTANDO UMA REDE NEURAL SIMPLES

Vamos começar com uma rede neural simples para resolver um problema de classificação ou regressão. Demonstraremos como carregar um modelo treinado e usá-lo para fazer previsões em tempo real com dados fornecidos pelo usuário.

```python
# deep_learning_model.py
import streamlit as st
from keras.models import load_model
import numpy as np

# Carregar o modelo treinado de aprendizado profundo
modelo = load_model('meu_modelo.h5')

st.write("# Aplicativo de Previsão com Aprendizado Profundo")

# Coletar dados de entrada do usuário
input_features = st.text_input("Insira os recursos de entrada para a previsão:")

if st.button('Predict'):
    # Processamento dos recursos de entrada
    input_data = np.array([float(x) for x in
input_features.split(',')]).reshape(1, -1)

    # Fazer a previsão
    prediction = modelo.predict(input_data)
```

```
st.write(f"Resultado da Previsão: {prediction.flatten()[0]}")
```

OTIMIZAÇÃO DE HIPERPARÂMETROS

Dentro do aprendizado profundo, a otimização de hiperparâmetros pode ser uma tarefa desafiadora devido ao grande número de parâmetros que influenciam o modelo. Vamos guiar o usuário através do processo de otimização de hiperparâmetros utilizando técnicas como a busca em grade e busca aleatória.

```python
# hyperparameters_optimization.py
import streamlit as st
from sklearn.model_selection import GridSearchCV
from keras.wrappers.scikit_learn import KerasClassifier
from keras.layers import Dense
from keras.models import Sequential

# Definir uma função que cria o modelo Keras
def create_model(optimizer='adam'):
    model = Sequential()
    model.add(Dense(12, input_dim=8, activation='relu'))
    model.add(Dense(1, activation='sigmoid'))
    model.compile(loss='binary_crossentropy', optimizer=optimizer,
metrics=['accuracy'])
    return model

# Criar o modelo Keras
model = KerasClassifier(build_fn=create_model, verbose=0)
```

```
# Definir a grade de parâmetros
param_grid = {'batch_size': [10, 20, 40],
            'epochs': [10, 50, 100],
            'optimizer': ['adam', 'rmsprop']}

# Criar o GridSearch
grid = GridSearchCV(estimator=model, param_grid=param_grid,
n_jobs=-1)
grid_result = grid.fit(X, Y)

# Mostrar os resultados
st.write(f"Melhor: {grid_result.best_score_} usando
{grid_result.best_params_}")
```

Este exemplo hipotético mostra como implementar a busca em grade para otimizar hiperparâmetros de um modelo Keras dentro do Streamlit, proporcionando uma interação direta e feedback imediato para o usuário sobre o desempenho do modelo.

CAPÍTULO 7: COLOCANDO SEU APP DE MACHINE LEARNING EM PRODUÇÃO

O desenvolvimento de um aplicativo é apenas uma parte do ciclo de vida do produto. Colocar esse aplicativo em produção e garantir que ele funcione bem em um ambiente de usuário final requer considerações adicionais. Neste capítulo, exploraremos os passos finais para levar seu aplicativo Streamlit baseado em machine learning ao mundo.

MONITORAMENTO E ATUALIZAÇÃO DE MODELOS

Depois de implantar um aplicativo, é crucial monitorar seu desempenho e manter o modelo atualizado. Discutiremos estratégias para coletar feedback, monitorar a acurácia do modelo ao longo do tempo e técnicas para atualização contínua do modelo.

PIPELINES DE DADOS ROBUSTOS

Um aplicativo de machine learning é tão bom quanto os dados que alimentam o modelo. Um pipeline de dados robusto é essencial para garantir que o modelo esteja recebendo dados de alta qualidade e atualizados. Vamos examinar como construir pipelines de dados que automatizem o fluxo de dados do armazenamento para o modelo em seu aplicativo.

CONSIDERAÇÕES DE ESCALABILIDADE E SEGURANÇA

À medida que o número de usuários cresce, o aplicativo precisa ser escalado para atender à demanda. Também discutiremos a importância da segurança do aplicativo, incluindo autenticação de usuários, criptografia de dados e proteção contra vulnerabilidades comuns.

EXEMPLO DE CÓDIGO: CONFIGURANDO UM AMBIENTE DE PRODUÇÃO

Para ilustrar como um aplicativo Streamlit pode ser preparado para produção, forneceremos um guia passo a passo, desde a configuração de um servidor até a otimização de recursos.

```python
# production_setup.py
import streamlit as st

st.write("# Seu App de Machine Learning na Produção")

st.write("""
Neste app de exemplo, discutiremos as etapas para preparar seu aplicativo
para a produção.
Incluímos tópicos como configuração do servidor, contêinerização com
Docker, monitoramento e muito mais.
""")

# ... código que detalha cada etapa ...

# Esta seção do livro incluiria exemplos detalhados e código para:
# - Configurar um servidor web como Nginx ou Apache para servir o app
Streamlit
# - Contêinerizar o app com Docker para facilidade de implantação e
escalabilidade
# - Configurar um serviço de monitoramento como Prometheus ou
Grafana
# - Implementar um sistema de logs para capturar e analisar atividades no
aplicativo

st.write("A configuração foi concluída! Seu app agora está pronto para ser
```

> escalado e servido para um público maior.")

Este exemplo simplificado daria ao leitor uma visão geral das etapas e dos componentes necessários para uma configuração de produção.

CAPÍTULO 8: SEGURANÇA EM APLICATIVOS STREAMLIT

A segurança é uma das maiores preocupações no desenvolvimento de software, especialmente para aplicativos que manipulam dados sensíveis. Este capítulo abordará as melhores práticas de segurança para proteger seu aplicativo Streamlit e seus usuários.

AUTENTICAÇÃO DE USUÁRIOS

A autenticação é o processo que verifica se alguém é quem diz ser. Implementaremos métodos de autenticação no Streamlit para garantir que apenas usuários autorizados possam acessar o aplicativo.

```python
# authentication.py
import streamlit as st
import streamlit_authenticator as stauth

# Dados fictícios para exemplo de autenticação
names = ['John Doe', 'Jane Smith']
usernames = ['jdoe', 'jsmith']
passwords = ['1234', 'abcd']

hashed_passwords = stauth.Hasher(passwords).generate()

# Dicionário de credenciais
credentials = {
    'usernames': dict(zip(usernames, hashed_passwords)),
    'names': dict(zip(usernames, names))
}

authenticator = stauth.Authenticate(credentials, 'some_cookie_name',
'some_signature_key', cookie_expiry_days=30)

name, authentication_status, username = authenticator.login('Login',
'main')

if authentication_status:
    st.write(f'Bem-vindo(a) *{name}* ao aplicativo!')
elif authentication_status == False:
    st.error('Usuário/senha incorretos')
elif authentication_status == None:
    st.warning('Por favor, insira seu usuário e senha')
```

Este script usa a biblioteca streamlit_authenticator para criar um sistema básico de autenticação.

GERENCIAMENTO DE SESSÕES

Gerenciar sessões do usuário é crucial para manter o estado entre diferentes interações com o aplicativo. Discutiremos como rastrear e gerenciar sessões do usuário de maneira eficiente e segura no Streamlit.

BOAS PRÁTICAS DE SEGURANÇA

Exploraremos práticas recomendadas para proteger aplicativos Streamlit, incluindo o uso de HTTPS, proteção contra ataques comuns como Cross-Site Scripting (XSS) e Injeção de SQL, e como manter as dependências atualizadas para evitar vulnerabilidades conhecidas.

Exemplo de Código: Implementando Segurança no Streamlit

Daremos uma visão detalhada das etapas técnicas necessárias para implementar recursos de segurança robustos no seu aplicativo Streamlit.

```python
# security_implementation.py
import streamlit as st
from urllib.parse import urlencode

st.write("# Implementando Segurança em Aplicativos Streamlit")

st.write("""
Neste app de exemplo, veremos como aplicar práticas de segurança no
Streamlit.
Essas práticas incluem configurações de segurança para o servidor, uso de
variáveis de ambiente para chaves sensíveis e muito mais.
""")

# ... código que detalha cada etapa ...

# Esta seção do livro incluiria exemplos detalhados e código para:
# - Configurar o servidor para usar HTTPS
# - Sanitizar as entradas do usuário para evitar ataques XSS
# - Usar variáveis de ambiente para armazenar chaves de API e outros
segredos
```

```
# - Aplicar limites de taxa de requisição para mitigar ataques de força bruta

st.write("Com essas medidas de segurança em prática, seu aplicativo não
é apenas funcional, mas também resiliente contra ameaças comuns da
web.")
```

Este exemplo prático ajudará o leitor a compreender como implementar medidas de segurança em um aplicativo Streamlit.

CAPÍTULO 9: MANUTENÇÃO E OTIMIZAÇÃO DE APLICATIVOS STREAMLIT PÓS-DEPLOY

Depois de colocar seu aplicativo Streamlit em produção, começa a fase de manutenção e otimização contínua. Este capítulo se concentra em estratégias para manter seu aplicativo atualizado, responsivo e eficiente.

TESTES CONTÍNUOS
E INTEGRAÇÃO

O teste contínuo é essencial para garantir que as atualizações do seu aplicativo não quebrem funcionalidades existentes. Discutiremos como estabelecer testes automatizados e integração contínua para validar cada mudança antes de chegar ao ambiente de produção.

```python
# continuous_testing.py
import streamlit as st
import pytest

st.write("# Estratégias de Teste Contínuo para Aplicativos Streamlit")

st.write("""
Implementar testes automáticos e integrar tais testes no ciclo de CI/CD são práticas essenciais
para manter a integridade do seu aplicativo Streamlit após cada atualização.
""")

# ... código que ilustra a criação de testes ...

# Esta seção do livro incluiria exemplos detalhados e código para:
# - Escrever testes unitários para componentes do aplicativo Streamlit
# - Configurar uma pipeline de CI/CD com GitHub Actions ou GitLab CI
# - Automatizar a execução de testes com cada push ou pull request

st.write("Com testes contínuos em vigor, você pode ter confiança ao implementar novos recursos ou atualizações.")
```

MONITORAMENTO DE DESEMPENHO

É vital acompanhar o desempenho do seu aplicativo em produção. Abordaremos como usar ferramentas de monitoramento de desempenho para rastrear o uso de recursos, o tempo de resposta do aplicativo e a satisfação do usuário.

ATUALIZAÇÕES COM ZERO DOWNTIME

Atualizar um aplicativo em produção sem tempo de inatividade é um objetivo desejável. Falaremos sobre estratégias para alcançar atualizações com zero downtime, como canary releases e blue-green deployment.

```python
# zero_downtime_updates.py
import streamlit as st

st.write("# Atualizações com Zero Downtime")

st.write("""
Exploraremos técnicas para atualizar aplicativos Streamlit em produção
sem afetar a disponibilidade.
Isso inclui canary releases, onde uma nova versão é gradualmente
disponibilizada para um subconjunto de usuários, e blue-green
deployment, uma técnica para reduzir o downtime e o risco ao mudar de
uma versão para outra.
""")

# ... pseudocódigo para ilustrar estas técnicas ...

st.write("Aplicando estas técnicas, você pode garantir que seu aplicativo
permaneça online e acessível, mesmo durante atualizações.")
```

OTIMIZAÇÃO BASEADA EM FEEDBACK DOS USUÁRIOS

Finalmente, discutiremos como coletar e utilizar o feedback dos usuários para otimizar a experiência do aplicativo. Vamos considerar a importância de ouvir os usuários e como ajustar o aplicativo para melhor atender às suas necessidades e expectativas.

CAPÍTULO 10: REFLETINDO E AVANÇANDO COM O STREAMLIT

Ao concluirmos este livro, queremos olhar para trás e refletir sobre o que aprendemos, além de olhar para frente, explorando como continuar crescendo e mantendo-se envolvido com as inovações em Streamlit e no desenvolvimento de aplicativos web de dados.

CONSOLIDANDO O APRENDIZADO

Nesta seção, faremos uma revisão dos principais conceitos e técnicas que cobrimos, destacando como eles se interconectam e como podem ser aplicados em cenários do mundo real. Este é um bom momento para o leitor revisar qualquer material que ainda pareça desafiador e consolidar seu entendimento.

ENVOLVER-SE COM A COMUNIDADE STREAMLIT

Streamlit não é apenas uma ferramenta, mas também uma comunidade vibrante de desenvolvedores, cientistas de dados e entusiastas da tecnologia. Discutiremos como participar dessa comunidade pode ajudar os leitores a permanecerem motivados, inspirados e informados sobre os últimos desenvolvimentos.

```python
# community_engagement.py
import streamlit as st

st.write("# Envolvimento com a Comunidade Streamlit")

st.write("""
Participar de fóruns, contribuir com projetos de código aberto e interagir
com outros desenvolvedores
são excelentes maneiras de crescer profissionalmente e pessoalmente.
Aqui estão algumas plataformas e dicas para se envolver ativamente:
- Streamlit Community Forum
- GitHub repositories involving Streamlit
- Streamlit local meetups and webinars
""")
```

RECURSOS PARA
APRENDIZADO CONTÍNUO

Neste segmento, forneceremos uma lista de recursos recomendados para o aprendizado contínuo. Isso inclui livros avançados, cursos online, workshops e conferências. Encorajaremos os leitores a se manterem curiosos e a investirem em seu desenvolvimento contínuo.

MANTENDO-SE ATUALIZADO COM STREAMLIT

O desenvolvimento tecnológico é rápido, e o Streamlit continua evoluindo. Falaremos sobre como acompanhar as atualizações do Streamlit, como ler blogs, seguir canais oficiais de mídia social e participar de anúncios de lançamento de novas versões.

```python
# staying_updated.py
import streamlit as st

st.write("# Mantendo-se Atualizado com Streamlit")

st.write("""
Manter-se informado sobre as atualizações do Streamlit e sobre tendências
emergentes no desenvolvimento de aplicativos de dados é crucial. Aqui
estão algumas dicas:
- Siga o blog oficial do Streamlit
- Participe do canal do Streamlit no YouTube
- Assine newsletters tecnológicas focadas em Python e ciência de dados
""")
```

SUBINDO PARA O AVANÇADO!

Dando continuidade ao aprendizado, agora será mais técnicos e práticos, o próximo passo seria desenvolver exemplos detalhados e adicionar insights profundos para cada capítulo, garantindo que os você possa aplicar o conhecimento adquirido de maneira eficaz e inovadora. Vamos adicionar elementos específicos a cada capítulo para enriquecer a experiência de aprendizado.

No Capítulo 1 do livro "Streamlit Avançado: Dominando Aplicações de Dados Interativas", vamos abordar a revisão de instalação e configuração, os primeiros passos com o Streamlit, e uma visão geral sobre sua arquitetura e o fluxo de dados. A seguir, uma estrutura detalhada para estas seções, com exemplos práticos e um link para o site oficial para referência adicional.

CAPÍTULO 11: INTRODUÇÃO AO STREAMLIT

SEÇÃO 1: REVISÃO DE INSTALAÇÃO E CONFIGURAÇÃO

Antes de começarmos a construir aplicativos com o Streamlit, é essencial garantir que o ambiente esteja corretamente configurado. Esta seção fornece um guia detalhado para a instalação e configuração inicial do Streamlit.

Instalação do Streamlit

Para instalar o Streamlit, você precisará do Python instalado em seu sistema. Recomendamos usar a última versão do Python para garantir a compatibilidade com todos os recursos do Streamlit. Aqui estão os passos para a instalação:

Abra o Terminal ou Prompt de Comando.

Instale o Streamlit usando pip com o seguinte comando:

pip install streamlit

Confirme a instalação verificando a versão do Streamlit:

streamlit --version

Para mais detalhes e solução de problemas, visite o site oficial do Streamlit.

SEÇÃO 2: PRIMEIROS PASSOS COM STREAMLIT

Após a instalação, é hora de criar seu primeiro aplicativo Streamlit. Esta seção guia você através da criação de um aplicativo simples que serve como uma excelente introdução às funcionalidades básicas do Streamlit.

CRIANDO SEU PRIMEIRO APP STREAMLIT

Crie um novo arquivo Python: Nomeie-o hello_streamlit.py.

Adicione o seguinte código ao arquivo:

```python
import streamlit as st

st.title('Meu Primeiro App Streamlit')
st.write('Este é um exemplo simples para começar com o Streamlit.')

if st.button('Clique aqui'):
    st.write('Você clicou no botão!')
```

Execute o aplicativo: Use o seguinte comando no terminal:

```
streamlit run hello_streamlit.py
```

Este comando iniciará o servidor Streamlit e abrirá seu aplicativo em um navegador web.

SEÇÃO 3: ARQUITETURA E FLUXO DE DADOS

Entender a arquitetura do Streamlit e como os dados fluem através de um aplicativo pode ajudar você a otimizar e escalar suas aplicações. Esta seção fornece uma visão geral da arquitetura interna do Streamlit.

FUNCIONAMENTO INTERNO
DO STREAMLIT

Modelo de Execução: O Streamlit executa o script do começo ao fim sempre que o usuário interage com o aplicativo. Cada interação desencadeia uma reexecução completa, que é otimizada pelo cache do Streamlit.

Gerenciamento de Estado: A partir da versão 0.84, o Streamlit inclui funcionalidades para gerenciar o estado da sessão, permitindo a construção de aplicações mais complexas e interativas.

FLUXO DE DADOS
NO STREAMLIT

Widgets como Gatilhos: Os widgets no Streamlit não apenas coletam entrada do usuário, mas também atuam como gatilhos para a reexecução do script. Isso permite uma programação reativa simples e direta.

Cache para Eficiência: Utilize a função st.cache para evitar o recarregamento de dados ou a recalculação de resultados pesados, tornando seu aplicativo mais eficiente.

CAPÍTULO 12: VISUALIZAÇÕES AVANÇADAS COM STREAMLIT

Este capítulo explora a integração do Streamlit com bibliotecas de visualização poderosas, oferecendo aos leitores as ferramentas para criar visualizações interativas e envolventes que podem transformar a apresentação de dados.

SEÇÃO 1: TRABALHANDO COM PLOTLY E ALTAIR

O Streamlit suporta várias bibliotecas de visualização, mas Plotly e Altair se destacam pela sua flexibilidade e capacidade de criar gráficos interativos complexos.

PLOTLY

Plotly é uma biblioteca gráfica interativa que permite criar gráficos complexos com uma interface rica em funcionalidades.

EXEMPLO BÁSICO COM PLOTLY NO STREAMLIT:

```python
import streamlit as st
import plotly.express as px
import pandas as pd

# Carregando dados
df = pd.DataFrame({
    "Fruit": ["Apples", "Oranges", "Bananas", "Apples", "Oranges", "Bananas"],
    "Amount": [4, 1, 2, 2, 4, 5],
    "City": ["SF", "SF", "SF", "Montreal", "Montreal", "Montreal"]
})

# Criando um gráfico de barras
fig = px.bar(df, x="Fruit", y="Amount", color="City", barmode="group")

# Exibindo o gráfico no Streamlit
st.plotly_chart(fig)
```

Este exemplo cria um gráfico de barras interativo que permite aos usuários explorar as quantidades de frutas por cidade.

ALTAIR

Altair é outra biblioteca de visualização declarativa que facilita a construção de gráficos complexos com uma abordagem baseada em gramática gráfica.

EXEMPLO SIMPLES COM ALTAIR NO STREAMLIT:

```python
import streamlit as st
import altair as alt
import pandas as pd

# Dados
data = pd.DataFrame({
    'x': range(10),
    'y': range(10)
})

# Gráfico
chart = alt.Chart(data).mark_line().encode(
    x='x',
    y='y'
)

# Exibindo o gráfico no Streamlit
st.altair_chart(chart, use_container_width=True)
```

Este exemplo mostra como criar um gráfico de linha simples usando Altair, perfeito para visualizar tendências ao longo do tempo.

SEÇÃO 2: CRIANDO MAPAS INTERATIVOS COM PYDECK E FOLIUM

Mapas interativos são ferramentas essenciais para a visualização de dados geográficos. Pydeck e Folium oferecem poderosas capacidades de mapeamento que podem ser integradas ao Streamlit.

PYDECK

Pydeck é uma biblioteca que utiliza o deck.gl para renderizar visualizações de dados espaciais de alto desempenho.

EXEMPLO DE USO DO PYDECK NO STREAMLIT:

```python
import streamlit as st
import pydeck as pdk

# Definindo dados
data = [
    {"name": "Point1", "latitude": 35.6895, "longitude": 139.6917},
    {"name": "Point2", "latitude": 34.0522, "longitude": -118.2437}
]

# Layer
layer = pdk.Layer(
    "ScatterplotLayer",
    data,
    get_position=["longitude", "latitude"],
    get_color=[255, 30, 30, 160],
    get_radius=10000,
)

# Visualização
view_state = pdk.ViewState(latitude=35.6895, longitude=139.6917,
zoom=10)
r = pdk.Deck(layers=[layer], initial_view_state=view_state)
st.pydeck_chart(r)
```

Este exemplo cria um mapa interativo com pontos marcados em locais específicos.

FOLIUM

Folium é ótimo para criar mapas detalhados baseados em Leaflet.js que podem ser altamente personalizados.

EXEMPLO DE USO DO FOLIUM NO STREAMLIT:

```python
import streamlit as st
import folium
from streamlit_folium import folium_static

# Criando um mapa base
m = folium.Map(location=[45.372, -121.6972], zoom_start=12,
tiles="Stamen Terrain")

# Adicionando um marcador
folium.Marker([45.3288, -121.6625], popup="<i>Mt. Hood Meadows</
i>").add_to(m)

# Exibindo o mapa no Streamlit
folium_static(m)
```

DESAFIO PRÁTICO: DASHBOARD AMBIENTAL INTERATIVO

Objetivo do Projeto:

Desenvolver um dashboard interativo no Streamlit que integre dados ambientais de várias fontes e utilize visualizações avançadas, incluindo mapas e gráficos interativos, para monitorar questões ambientais como qualidade do ar e mudanças climáticas.

Tarefas:

1. **Integrar dados de qualidade do ar em tempo real.**
2. **Criar visualizações de mapas interativos para mostrar locais com níveis preocupantes de poluição.**
3. **Desenvolver gráficos interativos que mostram tendências de dados ao longo do tempo.**
4. **Permitir que os usuários interajam com o dashboard para explorar diferentes regiões e períodos de tempo.**

CAPÍTULO 13: APLICAÇÕES DE CIÊNCIA DE DADOS

Este capítulo explora como o Streamlit pode transformar a maneira como os cientistas de dados constroem, compartilham e interagem com aplicações de ciência de dados. Abordaremos desde a manipulação avançada de dados até a integração e visualização de modelos de machine learning, proporcionando aos leitores as habilidades para desenvolver aplicações interativas robustas.

SEÇÃO 1: MANIPULAÇÃO AVANÇADA DE DADOS

A capacidade de manipular eficientemente grandes conjuntos de dados é crucial para qualquer cientista de dados. Nesta seção, exploraremos como o Streamlit, em combinação com o Pandas, pode ser usado para realizar operações de pré-processamento e manipulação de dados de forma eficaz.

Exemplo de Código: Manipulação de Dados com Pandas no Streamlit

```python
import streamlit as st
import pandas as pd
import numpy as np
# Carregando dados
@st.cache
def load_data():
    df = pd.read_csv('large_dataset.csv')
    df['date'] = pd.to_datetime(df['date'])
    return df

df = load_data()

# Interface para seleção de data
start_date, end_date = st.select_slider(
    "Select date range",
    options=pd.date_range(df['date'].min(), df['date'].max(), freq='D'),
    value=(df['date'].min(), df['date'].max())
)

filtered_df = df[(df['date'] >= start_date) & (df['date'] <= end_date)]
```

```
st.write("Filtered Data", filtered_df)
```

Este exemplo demonstra como carregar grandes conjuntos de dados de forma eficiente com caching e permitir aos usuários filtrar dados através de uma interface interativa.

SEÇÃO 2: INTEGRAÇÃO COM MACHINE LEARNING

A integração de modelos de machine learning em aplicações interativas permite que usuários explorem e interajam com os insights gerados pelos modelos. Nesta seção, demonstraremos como integrar modelos construídos com scikit-learn ou TensorFlow em seu aplicativo Streamlit.

Exemplo de Código: Integração de Modelo de Machine Learning

```python
import streamlit as st
from sklearn.datasets import load_iris
from sklearn.ensemble import RandomForestClassifier
import pandas as pd

# Carregando dados
data = load_iris()
df = pd.DataFrame(data.data, columns=data.feature_names)
target = pd.Series(data.target)

# Treinando o modelo
model = RandomForestClassifier()
model.fit(df, target)

# Seleção de características para predição
user_input = st.selectbox('Select feature for prediction:', df.columns)
input_val = st.slider('Select value:', float(df[user_input].min()),
```

```python
float(df[user_input].max()), float(df[user_input].mean()))
# Previsão
prediction = model.predict([[input_val] + [df[col].mean() for col in
df.columns if col != user_input]])
st.write(f'Prediction: {data.target_names[prediction[0]]}')
```

Este exemplo ilustra como um modelo de RandomForest é treinado e como as previsões podem ser feitas diretamente no Streamlit com a entrada do usuário.

SEÇÃO 3: VISUALIZANDO INSIGHTS DE MODELOS

Visualizar os resultados de modelos de machine learning de maneira clara e interpretável é essencial para os usuários. Nesta seção, abordaremos como criar visualizações interativas para modelos de machine learning, incluindo componentes personalizados para melhorar a interpretabilidade.

EXEMPLO DE CÓDIGO: VISUALIZAÇÃO DE RESULTADOS DE MODELO

```python
import streamlit as st
import matplotlib.pyplot as plt
from sklearn.ensemble import RandomForestClassifier
from sklearn.datasets import make_classification

# Gerando dados sintéticos
X, y = make_classification(n_samples=1000, n_features=20,
random_state=42)
model = RandomForestClassifier()
model.fit(X, y)

# Importância das características
importances = model.feature_importances_
indices = np.argsort(importances)

# Plotando a importância das características
fig, ax = plt.subplots()
ax.title.set_text('Feature Importances')
plt.barh(range(len(indices)), importances[indices], color='b',
align='center')
plt.yticks(range(len(indices)), [f"Feature {i}" for i in indices])
st.pyplot(fig)
```

Este exemplo mostra como criar um gráfico da importância das características de um modelo de RandomForest, permitindo aos usuários entenderem quais características são mais importantes para as previsões do modelo.

DESAFIO PRÁTICO: CONSTRUÇÃO DE UM APLICATIVO DE PREVISÃO DE DEMANDA

Objetivo do Projeto: Desenvolver um aplicativo Streamlit que integra análise histórica de vendas e previsões futuras para ajudar as empresas a planejar melhor suas necessidades de estoque e produção.

Tarefas:

1. **Integração de dados históricos de vendas a partir de um arquivo CSV.**
2. **Implementação de um modelo de previsão de demanda usando scikit-learn ou uma rede neural com TensorFlow.**
3. **Criação de visualizações interativas que mostram tanto os dados históricos quanto as previsões futuras.**
4. **Permitir aos usuários ajustar parâmetros do modelo e visualizar imediatamente os impactos desses ajustes nas previsões.**

CAPÍTULO 14: ANÁLISE DE DADOS EM TEMPO REAL

Este capítulo explora o uso do Streamlit para criar aplicações que demandam análise e visualização de dados em tempo real. Vamos cobrir desde a conexão com fontes de dados em tempo real até a construção de dashboards interativos e a integração de websockets, com um foco especial em casos de uso como monitoramento financeiro, operações de TI e análise de mídia social.

SEÇÃO 1: CONECTANDO COM FONTES DE DADOS EM TEMPO REAL

Nesta seção, aprenderemos como conectar o Streamlit a diferentes fontes de dados em tempo real, usando APIs e outros métodos de streaming de dados, essenciais para análises atualizadas e reativas.

EXEMPLO DE CÓDIGO: CONEXÃO COM API DE DADOS FINANCEIROS

```python
import streamlit as st
import pandas as pd
import requests

# Função para obter dados financeiros em tempo real
@st.cache(allow_output_mutation=True)
def get_realtime_data():
    response = requests.get("https://api.financedata.com/price")
    data = response.json()
    return pd.DataFrame(data)

# Criando uma função que atualiza os dados a cada 30 segundos
def stream_data():
    df = get_realtime_data()
    while True:
        st.write(df)
        time.sleep(30)
        df = get_realtime_data()

stream_data()
```

Este script utiliza requests para obter dados de uma API financeira e os exibe em tempo real, atualizando a cada 30 segundos.

SEÇÃO 2: DASHBOARDS EM TEMPO REAL

A capacidade de visualizar dados em tempo real é crucial para muitas áreas. Nesta seção, mostraremos como construir dashboards dinâmicos no Streamlit que atualizam automaticamente conforme novos dados são recebidos.

Exemplo de Código: Dashboard de
Monitoramento de Tráfego de Rede

```python
import streamlit as st
import pandas as pd
import altair as alt

# Simulando dados de tráfego de rede
def generate_traffic_data():
    traffic_data = pd.DataFrame({
        'Time': pd.date_range(start='1/1/2020', periods=100, freq='T'),
        'Traffic_volume': np.random.randint(0, 100, size=(100,))
    })
    return traffic_data

# Função para atualizar o gráfico
def update_chart():
    df = generate_traffic_data()
```

```
    chart = alt.Chart(df).mark_line().encode(
        x='Time:T',
        y='Traffic_volume:Q'
    )
    st.altair_chart(chart, use_container_width=True)

st.button("Update Chart", on_click=update_chart)
```

Este exemplo cria um gráfico de linha no Streamlit que pode ser atualizado a cada clique, ideal para monitoramento contínuo com dados que mudam rapidamente.

SEÇÃO 3: USO DE WEBSOCKETS PARA DADOS AO VIVO

Websockets permitem uma comunicação bidirecional e em tempo real entre o cliente e o servidor. Vamos explorar como integrar websockets em aplicativos Streamlit para maximizar a interatividade.

Exemplo de Código: Integração de Websockets
para Atualizações de Dados

```python
import streamlit as st
from websocket import create_connection

ws = create_connection("wss://realtime.data.com/stream")

def receive_data():
    while True:
        result = ws.recv()
        st.write("Received data: " + result)

st.button("Connect to WebSocket", on_click=receive_data)
```

Este script configura uma conexão websocket e recebe dados que são imediatamente exibidos no Streamlit, proporcionando uma ferramenta eficaz para aplicações que dependem da imediatidade dos dados, como trading de alta frequência.

DESAFIO PRÁTICO: MONITOR DE REDES SOCIAIS

Objetivo do Projeto: Desenvolver um aplicativo no Streamlit que monitora e analisa menções de marcas em tempo real nas redes sociais. O app deve utilizar APIs de mídia social para stream de dados e exibir análises sentimentais e de frequência das menções.

Tarefas:

1. Conectar-se à API de uma plataforma de mídia social para receber menções da marca em tempo real.
2. Implementar análise de sentimento para avaliar a percepção pública da marca.
3. Desenvolver visualizações que mostram a frequência de menções e o sentimento ao longo do tempo.
4. Permitir aos usuários interagir com o dashboard para explorar diferentes períodos ou ajustar parâmetros de análise.
5. Este capítulo não só aumentará sua habilidade em criar dashboards dinâmicos e interativos com o Streamlit, mas também em integrar tecnologias de tempo real para análises profundas e acionáveis.

CAPÍTULO 15: STREAMLIT EM RECURSOS HUMANOS

Este capítulo destaca como o Streamlit pode ser uma ferramenta transformadora para o departamento de Recursos Humanos (RH). Vamos explorar como aplicativos construídos com Streamlit podem ajudar no planejamento de recursos humanos, análise de desempenho, engajamento e retenção de funcionários, e no gerenciamento de feedback.

SEÇÃO 1: ANÁLISE DE DESEMPENHO DE FUNCIONÁRIOS

Analisar o desempenho dos funcionários é crucial para o desenvolvimento de equipes e a melhoria contínua. Com o Streamlit, podemos criar dashboards interativos que permitem aos gestores visualizar e analisar o desempenho de maneira mais dinâmica e intuitiva.

Exemplo de Código: Dashboard de Desempenho de Funcionários

```python
import streamlit as st
import pandas as pd
import seaborn as sns
import matplotlib.pyplot as plt

# Simulando dados de desempenho
data = pd.DataFrame({
    "Funcionario": ["Ana", "João", "Lia", "Rui", "Paula"],
    "Avaliação": [88, 92, 85, 95, 90],
    "Departamento": ["Vendas", "TI", "RH", "Financeiro", "Marketing"]
})

# Visualização de desempenho
st.write("## Análise de Desempenho de Funcionários")
fig, ax = plt.subplots()
sns.barplot(x="Funcionario", y="Avaliação", hue="Departamento",
data=data, ax=ax)
st.pyplot(fig)
```

Este script cria um gráfico de barras que mostra a avaliação de desempenho dos funcionários por departamento, facilitando a compreensão rápida das performances individuais e por equipe.

SEÇÃO 2: PLANEJAMENTO DE RECURSOS HUMANOS

A capacidade de prever necessidades de contratação e desenvolvimento de carreira é vital para o planejamento estratégico de RH. Streamlit pode ser usado para analisar tendências de dados históricos e ajudar a prever futuras necessidades de recursos.

EXEMPLO DE CÓDIGO: PREVISÃO DE NECESSIDADES DE CONTRATAÇÃO

```python
import streamlit as st
import pandas as pd
from sklearn.linear_model import LinearRegression
import numpy as np

# Dados históricos
data = pd.DataFrame({
    "Ano": np.arange(2010, 2020),
    "Contratações": [120, 130, 150, 155, 160, 165, 180, 200, 210, 230]
})

# Modelo de previsão
model = LinearRegression()
model.fit(data[['Ano']], data['Contratações'])

# Previsões para os próximos anos
future_years = pd.DataFrame({"Ano": np.arange(2020, 2025)})
predictions = model.predict(future_years)

# Exibindo previsões
st.write("## Previsão de Necessidades de Contratação")
st.line_chart(data.append(future_years.assign(Contratacoes=predictions),
ignore_index=True))
```

SEÇÃO 3: ENGAJAMENTO E RETENÇÃO

Medir e melhorar o engajamento dos funcionários é fundamental para reter talentos. Streamlit permite a criação de pesquisas interativas e visualizações de feedback que ajudam os RHs a entender e agir sobre o engajamento dos funcionários.

Exemplo de Código: Dashboard de Engajamento de Funcionários

```python
import streamlit as st
import pandas as pd
import altair as alt

# Dados de pesquisa de engajamento
data = pd.DataFrame({
    "Pergunta": ["Satisfação com a liderança", "Oportunidades de carreira",
"Cultura da empresa"],
    "Pontuação": [75, 65, 80]
})

# Gráfico de barras horizontais
chart = alt.Chart(data).mark_bar().encode(
    x='Pontuação',
    y='Pergunta'
)
st.altair_chart(chart, use_container_width=True)
```

DESAFIO PRÁTICO: GERENCIAMENTO DE FEEDBACK 360 GRAUS

Objetivo do Projeto: Desenvolver um aplicativo Streamlit que facilita o processo de feedback 360 graus, permitindo que funcionários recebam e forneçam feedback de colegas, gerentes e subordinados de forma anônima e segura.

Tarefas:

1. Criar formulários interativos para coleta de feedback.
2. Implementar visualizações que resumem e destacam áreas de força e de melhoria.
3. Permitir que os gestores acessem dashboards de feedback para suas equipes, mantendo a confidencialidade dos dados individuais.
4. Este capítulo não apenas equipa os profissionais de RH com ferramentas para análise e planejamento, mas também ensina como utilizar o Streamlit para transformar o engajamento e a gestão de talentos de maneira eficaz e inovadora.

CAPÍTULO 16: APLICAÇÕES FINANCEIRAS

Este capítulo explora como o Streamlit pode ser empregado no setor financeiro, onde precisão, segurança e eficiência no processamento de grandes volumes de dados são cruciais. Vamos demonstrar como construir aplicações interativas que auxiliam na tomada de decisões financeiras através do monitoramento de portfólios, análise de riscos e simulação de cenários de mercado.

SEÇÃO 1: MONITORAMENTO DE PORTFÓLIO

A gestão eficaz de portfólios de investimentos requer análises constantes e atualizadas. Nesta seção, vamos criar um dashboard para acompanhar a performance de ativos em tempo real.

EXEMPLO DE CÓDIGO: DASHBOARD DE MONITORAMENTO DE PORTFÓLIO

```python
import streamlit as st
import pandas as pd
import numpy as np
import plotly.express as px

# Simulando dados de mercado
np.random.seed(0)
dates = pd.date_range(start='2023-01-01', periods=100)
data = pd.DataFrame({
    'Date': dates,
    'Stock A': np.random.normal(0.1, 0.02, 100).cumsum() + 100,
    'Stock B': np.random.normal(0.1, 0.02, 100).cumsum() + 200,
})

# Seleção do ativo para visualização
stock = st.selectbox('Select stock to view', ['Stock A', 'Stock B'])

# Gráfico do ativo selecionado
fig = px.line(data, x='Date', y=stock, title=f'{stock} Performance Over
Time')
st.plotly_chart(fig)
```

SEÇÃO 2: ANÁLISE DE RISCO FINANCEIRO

A análise de risco é fundamental para qualquer estratégia de investimento. Usaremos o Streamlit para construir um aplicativo que calcula e visualiza o risco financeiro associado a diferentes portfólios.

EXEMPLO DE CÓDIGO: APLICATIVO DE ANÁLISE DE RISCO

```python
import streamlit as st
import numpy as np
import pandas as pd

# Gerando dados simulados de retorno de investimento
portfolio_returns = np.random.lognormal(mean=0.01, sigma=0.1,
size=1000) - 1

# Calculando métricas de risco
average_return = np.mean(portfolio_returns)
volatility = np.std(portfolio_returns)

# Exibindo métricas
st.write(f"Average Return: {average_return:.2%}")
st.write(f"Volatility: {volatility:.2%}")

# Histograma dos retornos
st.hist_chart(portfolio_returns, bins=50, title="Portfolio Returns
Distribution")
```

SEÇÃO 3: SIMULAÇÃO DE MERCADO

A simulação de diferentes cenários de mercado permite aos investidores testar estratégias em condições variadas sem riscos reais. Demonstraremos como usar o Streamlit para simular cenários de mercado e analisar os resultados.

EXEMPLO DE CÓDIGO: SIMULAÇÃO DE MERCADO

```python
import streamlit as st
import numpy as np
import matplotlib.pyplot as plt

# Parâmetros de simulação
iterations = st.slider('Number of Simulations', 100, 1000, 500)
days = st.slider('Number of Days', 30, 365, 180)

# Realizando simulação
price_paths = [100 * np.cumprod(np.random.normal(1.0004, 0.01, days))
for _ in range(iterations)]

# Plotando simulações
plt.figure(figsize=(10, 6))
for path in price_paths:
    plt.plot(path)
st.pyplot(plt)
```

DESAFIO PRÁTICO: SISTEMA DE ALERTAS PARA MOVIMENTAÇÕES CRÍTICAS DE MERCADO

Objetivo do Projeto: Desenvolver um sistema de alertas em Streamlit que monitora dados de mercado em tempo real e notifica os usuários sobre movimentações críticas, como variações abruptas de preço ou volumes atípicos de negociação.

Tarefas:

1. **Conectar-se a uma API de dados financeiros em tempo real.**
2. **Implementar lógicas de detecção de eventos críticos no mercado.**
3. **Criar notificações visuais e sonoras no aplicativo para alertar os usuários imediatamente.**

CAPÍTULO 17: STREAMLIT PARA ANÁLISES DE MARKETING

Este capítulo mostra como o Streamlit pode ser uma ferramenta valiosa para profissionais de marketing, permitindo a realização de análises de dados e testes A/B interativos para otimizar campanhas e estratégias de marketing.

SEÇÃO 1: VISUALIZAÇÃO DE CAMPANHAS

O sucesso de qualquer campanha de marketing depende da análise precisa dos dados de desempenho. Vamos criar visualizações interativas que ajudam a entender o impacto das campanhas de marketing.

Exemplo de Código: Visualização do Desempenho da Campanha

```python
import streamlit as st
import pandas as pd
import altair as alt

# Dados de compra do consumidor
data = pd.DataFrame({
    "Idade": [25, 30, 35, 40, 45],
    "Total de Compras": [15, 25, 8, 12, 15]
})

# Gráfico de dispersão
chart = alt.Chart(data).mark_point().encode(
    x='Idade',
    y='Total de Compras',
    tooltip=['Idade', 'Total de Compras']
).interactive()
st.altair_chart(chart, use_container_width=True)
```

Seção 3: Teste A/B Interativo

Testes A/B são fundamentais para otimizar campanhas de marketing. Vamos demonstrar como implementar e analisar testes A/B diretamente no Streamlit, permitindo ajustes em tempo real com base em dados emergentes.

Exemplo de Código: Implementação de Teste A/B

```python
import streamlit as st
import numpy as np

# Simulando dados de teste A/B
grupo_a = np.random.normal(2.5, 0.5, 1000)
grupo_b = np.random.normal(2.6, 0.4, 1000)

# Calculando médias
media_a = np.mean(grupo_a)
media_b = np.mean(grupo_b)

# Exibindo resultados
st.write(f"Média Grupo A: {media_a:.2f}")
st.write(f"Média Grupo B: {media_b:.2f}")

# Decisão baseada nos dados
if media_b > media_a:
    st.success("Grupo B tem performance melhor!")
else:
    st.warning("Grupo A tem performance melhor!")
```

DESAFIO PRÁTICO: OTIMIZAÇÃO DE CAMPANHAS DIGITAIS EM TEMPO REAL

Objetivo do Projeto: Criar um aplicativo no Streamlit que permite aos profissionais de marketing configurar, monitorar e ajustar campanhas digitais em tempo real, utilizando análises de dados e testes A/B para otimizar as estratégias.

Tarefas:

1. Desenvolver uma interface para configurar parâmetros de campanha.
2. Integrar análises de desempenho em tempo real.
3. Implementar testes A/B com capacidade de ajuste dinâmico baseado em resultados emergentes.

CONCLUSÃO: NUNCA PARE DE APRENDER

À medida que encerramos nossa jornada através de "Streamlit Avançado: Dominando Aplicações de Dados Interativas", refletimos sobre o caminho percorrido desde os fundamentos até o uso avançado do Streamlit em diversos contextos profissionais. Desde a construção de simples visualizações interativas até o desenvolvimento de complexas aplicações de análise de dados em tempo real, este livro procurou equipá-lo com as habilidades necessárias para explorar e expandir os limites do que você pode realizar com esta ferramenta poderosa.

O CAMINHO PERCORRIDO

Começamos com os primeiros passos, ensinando como instalar e configurar o Streamlit, seguido pela criação de seu primeiro aplicativo. Avançamos para tópicos mais complexos como visualizações avançadas, integração com machine learning, e aplicações em tempo real, cada um projetado para fornecer uma compreensão prática de como o Streamlit pode ser utilizado para facilitar e melhorar a análise e visualização de dados.

Exploramos aplicações específicas em áreas como Recursos Humanos, Finanças e Marketing, mostrando como o Streamlit pode ser adaptado para uma variedade de necessidades empresariais, fornecendo soluções eficazes e eficientes que anteriormente poderiam requerer sofisticadas habilidades de programação ou ferramentas mais complexas.

APRENDIZADO CONTÍNUO

A tecnologia está em constante evolução, e o Streamlit não é exceção. À medida que novas versões são lançadas e novas funcionalidades são desenvolvidas, a capacidade de se manter atualizado e aprender novas técnicas será crucial. Engaje-se com a comunidade Streamlit, participe de fóruns, leia blogs, assista a tutoriais e continue explorando novos projetos práticos.

NUNCA PARE DE EXPLORAR

A ciência de dados e o desenvolvimento de software são campos impulsionados pela curiosidade e pela necessidade constante de inovação e melhoria. O aprendizado contínuo é essencial, não apenas para o crescimento profissional, mas também para garantir que suas habilidades e conhecimentos continuem relevantes e impactantes.

DESAFIOS FUTUROS

Encorajamos você a usar o conhecimento adquirido neste livro para enfrentar novos desafios, seja em seu trabalho atual, em novas oportunidades de carreira ou em projetos pessoais. Experimente, erre, aprenda com seus erros e celebre suas vitórias.

Desenvolva sua própria voz dentro da comunidade Streamlit, contribuindo com código, ajudando outros usuários e compartilhando suas descobertas. Cada problema resolvido, cada aplicativo construído e cada desafio superado, não apenas avança sua própria carreira, mas também contribui para o crescimento da comunidade global de ciência de dados.

APÊNDICE: CÓDIGOS DE EXEMPLO E RECURSOS

Este apêndice serve como uma compilação de todos os códigos de exemplo apresentados no livro, além de um diretório de recursos adicionais para aprofundamento e referência.

CÓDIGOS DE EXEMPLO

Capítulo 1: Introdução ao Streamlit

Código do aplicativo "Hello, Streamlit!"

Capítulo 2: Interagindo com Dados

Código para carregar e visualizar dados

Capítulo 3: Manipulação de Dados Avançada

Código para operações avançadas com Pandas

Widgets de interatividade avançada

Capítulo 4: Integrando Machine Learning

Implementação de um modelo de machine learning

Visualização de previsões

Capítulo 5: Ajuste Dinâmico de Modelos de Machine Learning

Código para ajuste de hiperparâmetros em tempo real

Capítulo 6: Explorando Modelos de Aprendizado Profundo

Exemplo de implementação de uma rede neural

Capítulo 7: Colocando seu App de Machine Learning em Produção

Monitoramento e atualizações de modelos

Pipelines de dados robustos

Capítulo 8: Segurança em Aplicativos Streamlit

Implementação de autenticação e segurança

Capítulo 9: Manutenção e Otimização de Aplicativos Streamlit Pós-Deploy

Estratégias de teste contínuo e monitoramento de desempenho

RECURSOS ADICIONAIS

Documentação Oficial do Streamlit: Link direto para a documentação oficial, que é um recurso essencial para desenvolvedores.

Comunidades e Fóruns: Lista de comunidades online onde os desenvolvedores de Streamlit se encontram para discutir problemas, soluções e novidades.

Cursos e Tutoriais: Recomendações de cursos online e tutoriais para aprofundar o conhecimento em Streamlit e áreas relacionadas.

Índice

Um índice detalhado seguirá, organizado por tópicos e subseções para facilitar a navegação rápida pelo livro. Incluirá páginas específicas para cada seção principal, exemplo de código, e tópicos discutidos para que os leitores possam localizar facilmente as informações necessárias.

LISTA DE ACRÔNIMOS USADOS NO LIVRO

CI/CD - Continuous Integration/Continuous Deployment

Integração Contínua e Implantação Contínua são práticas de engenharia de software destinadas a frequentemente mesclar as alterações de código na base principal e garantir que o software seja confiável sempre que for publicado.

CSV - Comma-Separated Values

Formato de arquivo que armazena dados tabulares (números e texto) em formato de texto simples. Cada linha do arquivo é um registro de dados. Cada registro consiste em um ou mais campos, separados por vírgulas.

HTTP - Hypertext Transfer Protocol

Protocolo de comunicação utilizado para sistemas de informação de hipermedia, como a internet, permitindo a transferência de dados entre servidores web e clientes.

HTTPS - Hypertext Transfer Protocol Secure

A versão segura do HTTP, que utiliza certificados SSL/TLS para encriptar a comunicação entre o cliente e o servidor, aumentando a segurança dos dados transmitidos.

ML - Machine Learning

Campo de estudo que dá aos computadores a habilidade de aprender sem serem explicitamente programados, através de algoritmos que podem identificar padrões e fazer previsões baseadas em dados.

API - Application Programming Interface

Conjunto de rotinas e padrões estabelecidos por um software para a utilização das suas funcionalidades por aplicativos que não pretendem envolver-se em detalhes da implementação do software, mas apenas usar seus serviços.

XSS - Cross-Site Scripting

Tipo de vulnerabilidade de segurança de computadores encontrada tipicamente em aplicativos web que permite a injeção de scripts maliciosos em conteúdos de páginas.

SQL - Structured Query Language

Linguagem de consulta estruturada utilizada para gerenciar e manipular sistemas de banco de dados relacional.

GPU - Graphics Processing Unit

Unidade de processamento gráfico utilizada principalmente para renderização de imagens, cálculos de vídeo e gráficos em computadores.

JSON - JavaScript Object Notation

NLP - Natural Language Processing

Processamento de Linguagem Natural, um campo de estudo da inteligência artificial que se concentra na interação entre computadores e humanos através da linguagem natural.

RF - Random Forest

Floresta Aleatória, um método de aprendizado conjunto para classificação, regressão e outras tarefas que opera construindo uma infinidade de árvores de decisão no momento do treinamento.

SQL - Structured Query Language

Linguagem de Consulta Estruturada, uma linguagem de programação usada para gerenciar e manipular sistemas de banco de dados relacional.

TI - Tecnologia da Informação

Campo da computação focado no armazenamento, transmissão, processamento e recuperação segura da informação.

UX - User Experience

Experiência do Usuário, um termo usado para descrever a interação geral e a experiência de um usuário com um produto ou serviço digital.

UI - User Interface

Interface do Usuário, o espaço onde interações entre humanos e máquinas ocorrem, com o objetivo de permitir uma operação eficaz e controle de máquina pelo usuário.

Formato leve de intercâmbio de dados, fácil de ler e escrever para seres humanos e fácil de analisar e gerar por máquinas.

AGRADECIMENTOS

Ao encerrar este livro, gostaria de expressar minha profunda gratidão e dedicá-lo a algumas pessoas muito especiais na minha vida. Primeiramente, a Deus, à minha família, cujo apoio incondicional tem sido a base do meu crescimento pessoal e profissional. Vocês são a razão pela qual eu me esforço para ser melhor a cada dia.

Um agradecimento especial à minha amada mãe, Maria José Viana. Mãe, você sempre enfatizou que a educação é o caminho mais seguro para o sucesso. Seu incentivo constante em relação aos estudos não apenas moldou minha carreira, mas também quem eu sou hoje. Este livro é um tributo à sua sabedoria e ao seu amor.

Agradeço também a você, leitor, por dedicar seu tempo para mergulhar nas páginas deste livro. Espero que ele tenha fornecido insights valiosos e o encoraje a explorar ainda mais o mundo do Streamlit e da análise de dados. Sua jornada de aprendizado é apenas tão rica quanto os desafios que você decide enfrentar, e eu estou honrado por fazer parte dela.

Para aqueles que desejam ir além e testar seus conhecimentos, convido-os a acessar meu site: www.deivisonviana.com/certificado22. Ao completar uma avaliação baseada no conteúdo deste livro, você receberá um certificado de curso de Streamlit, uma credencial que esperamos que ajude a abrir novas portas em sua carreira profissional e acadêmica.

Mais uma vez, obrigado por escolher este livro como seu guia no aprendizado de Streamlit. Continue explorando, estudando e nunca pare de aprender. Até a próxima!

Com gratidão,

Deivison Viana Andrade